T0082068

Gabriel Fauré
15 Selected Songs

Low Voice

edited by Richard Walters

Martha Gerhart, translations and International Phonetic Alphabet
Pierre Vallet, diction coach
Laura Ward, pianist

Editions of some of the songs in this collection, including historical notes and translations,
were previously published in the following Hal Leonard Vocal Library titles:

Standard Vocal Literature
Edited by Richard Walters

Gabriel Fauré: 50 Songs
Edited by Laura Ward and Richard Walters

The French Song Anthology
Edited by Carol Kimball and Richard Walters

Cover painting: Pierre-Auguste Renoir, *Oarsmen at Chatou*, 1879, oil on canvas,
81.3 x 100.3 cm, National Gallery of Art, Washington

To access companion recorded accompaniments
and diction lessons online, visit:
www.halleonard.com/mylibrary

3575-5518-2787-6680

ISBN 978-1-4234-4668-2

HAL•LEONARD®
CORPORATION
7777 W. BLUEMOUND RD. P.O. BOX 13819 MILWAUKEE, WI 53213

In Australia Contact:
Hal Leonard Australia Pty. Ltd
4 Lentara Court
Cheltenham, Victoria, 3192 Australia
Email: ausadmin@halleonard.com.au

Visit Hal Leonard Online at
www.halleonard.com

Contents

On the recordings: Laura Ward, piano
Pierre Vallet, diction coach
*Gary Arvin, piano

The price of this publication includes access to companion recorded accompaniments
and diction lessons online, for download or streaming, using the unique code found
on the title page. Visit **www.halleonard.com/mylibrary** and enter the access code.

Gabriel Fauré

Frenchman Gabriel Fauré composed approximately 100 songs throughout his life. His first works for voice and piano date from his student days at the École Niedemeyer. At this point he was most attracted to the romantic poets, such as Victor Hugo. These early songs can be termed *romances*, and are generally strophic in form. Fauré's most important advance as a song composer with a more mature, personal style came with "Lydia," composed c.1870. In the 1880s he was drawn to the symbolists, the Parnassian poets and, most profoundly, to Paul Verlaine. The composer's song composition became bolder in the 1890s, evidenced by his cycle *La bonne chanson.* The music for voice composed in his later years, after the turn of the century (when Fauré began to suffer from deafness, probably due to arteriosclerosis), became more sparse and economical. He continued in his own highly personal compositional style, not following the dramatic changes in music brought on by Schoenberg, Stravinsky, and others, though he was well aware of their music (he was music critic for *Le Figaro* from 1903-1921), and most often admired it.

Fauré's songs were originally published in three collections of 20 songs each. (The second collection originally contained 25 songs, but upon the appearance of the third collection, recompilation occurred, putting the second collection back to 20 songs.) These collections were published by Hamelle, the first in 1879, the second in 1897, and the third in 1908. Prior to the publication of the first collection, some of Fauré's songs had been published individually, but Hamelle bought all previous rights. Fauré made very little money from his song compositions, and sold them outright for about 50 francs each for all publishing rights. The composition dates of the early songs are only approximate. His publisher asked him to retroactively assign opus numbers to the earlier songs upon their publication in the first collection of 1879. Fauré's memory was unclear about dates on many such songs. After publication he destroyed many manuscripts, so there are few clues for researchers. The tempo markings were Fauré's own, which he added at the point of publication.

Fauré worked slowly as a composer and was self-critical. He relied on the reactions of his colleagues and friends, mainly fellow composers with whom he was friendly. He admitted that at times he felt that his slow, painstaking approach to composition may have stifled spontaneity. In setting a poem, he didn't hesitate to omit verses or change words to suit his concept. Some of the small changes of words are undoubtedly oversight, but the majority were deliberate. He chose poems primarily for their pliability. Fauré said of his song composition, "seek above all to extricate the general feeling of a poem, rather than to concentrate on its details."

Harmony was Fauré's natural priority. His style was a fresh approach to tonal harmony, often freely using modes to achieve flow, fluency and ambiguity. Fauré was certainly a great melodist, but his melodies grow from the harmony, rather than standing on their own. He was somewhat of a neo-classicist in temperament, striving for a clarity of form, continuity, and craftsmanship. He valued nuance, subtlety, restraint, discretion, naturalness, sincerity, sensibility, an easy sophistication, and elegance. These aesthetic values are reflected in his writing for the voice, rarely going beyond a moderate vocal range. His songs infrequently include extroverted romantic drama. He detested verismo, sentimentality, the superficial, or anything excessive. He worried about repeating himself, but continued to be drawn to the same aesthetic approach throughout his career. It is interesting to note that although Fauré was described as a man with a lively sense of humor by those who knew him, he did not choose to write songs that were overtly witty. Because of various factors, including academic responsibilities, he composed primarily only during summer vacations throughout most of his life.

The songs were performed primarily by the composer's friends and patrons, most often in salons and in performances of the *Société nationale de musique*. This was a close-knit circle of composers and musicians founded in 1871 by Saint-Saëns, Romain Bussine, Franck, D'Indy, Lalo, Massenet, Bizet, Guiraud, Duparc, and Fauré, with the purpose of furthering the works of the composer-members. Fauré's songs were rarely sung by celebrity singers of the time, especially before 1900. On more than one occasion he cautioned singers not to take his "slow" songs too slowly. Fauré was a good pianist, though not a virtuoso. He was admired as an interpreter of his own work, and loved to accompany his songs throughout his life, even after he was completely deaf. As a pianist, he was described as having powerful hands, a quiet nature at the keyboard, and a clarity of style that was out of fashion with the more dramatic and romantic piano performance style of his time.

Celebrity came late for Fauré. His output, including music in all genres, was known only to a small circle of Parisian society prior to about 1895. At about the age of 50 he began to be recognized more widely in France as a major musical figure. Even at his death he was virtually unknown outside France. His music includes work of consistently high quality for orchestra, for chamber ensembles, and choral works (including the well-known *Requiem*). His opera *Pénélope* is certainly a masterwork, though neglected. Without question is his unqualified place as the quintessential master of French art song. Most would agree that there is no other composer in France's history who more eloquently captured her Gallic voice in song.

Richard Walters
editor

About the Artists

Martha Gerhart relocated to Dallas, Texas in 1997, following a prestigious career as a coach/pianist based in New York City, to teach at Southern Methodist University. At S.M.U. she coaches and teaches Diction for Singers. In demand from both students and professionals in the Dallas-Fort Worth area at her private coaching studio in Dallas, she has been on the music staffs of companies including the New York City Opera, the San Francisco Opera, Spoleto Festival Opera, and The Dallas Opera. She has also presented master classes at venues including the Pittsburgh Opera Studio, Glimmerglass Opera, OperaWorks (Los Angeles), and the Texoma Regional NATS Convention. In addition to her translating and IPA transliterating contributions to G. Schirmer's *Opera Anthology* series and other publications, she is the author of *Italian song texts from the 17th through the 20th centuries*, in three volumes, published by Leyerle Publications.

An innovative and dynamic musician, conductor **Pierre Vallet** is known for his elegance and musical depth. A versatile artist, he is also recognized as an accomplished pianist and opera coach, sought out by musicians for collaborations and by institutions for master classes.

Pierre Vallet made his successful debut at the Opéra national de Paris in December 2007, conducting the last two performances of Wagner's *Tannhäuser*. In recent seasons, Vallet has conducted performances of *Otello* and *Tannhäuser* with the Tokyo Opera Nomori, and *Manon* at the Bolshoi Theater. During the summer of 2007, he appeared at the Saito Kinen Festival Matsumoto conducting the Saito Kinen Festival Orchestra in a concert of excerpts from Tchaikovsky's *The Queen of Spades* at the Matsumoto Performing Arts Centre in the Japan Alps.

As an opera coach, in addition to the Opera de Paris and the Metropolitan Opera, he has worked with the New Israeli Opera in Tel Aviv, the Teatro Carlo Felice in Genova and the Bolshoi Theater in Moscow. Vallet has also coached young singers at the Metropolitan Opera Young Artists Program, the Houston Grand Opera Studio, the New England Conservatory, the Cincinnati College-Conservatory of Music, the San Francisco Conservatory of Music and the University of Minnesota. An esteemed teacher, Pierre Vallet has served on the faculties of Chicago's Ravinia Festival, the Tanglewood Music Center, the International Vocal Arts Institute and The Juilliard School.

As a pianist, Vallet has appeared onstage accompanying such artists as mezzo-soprano Denyce Graves, baritone Dmitri Hvorostovsky, and sopranos Ying Huang and Maria Guleghina, to name a few. Among his performance credits are New York's Lincoln Center, The White House in Washington, DC, Fort Worth's Van Cliburn Concert Series and Boston's Isabella Stewart Gardner Museum Concert Series.

Laura Ward has been a vocal coach and collaborative pianist at the Washington Opera, the Academy of Vocal Arts, the Ravinia Festival, the Music Academy of the West, the Blossom Festival, the University of Maryland, and Temple University. Laura has been the official pianist for the Washington International Vocal competition and the Marian Anderson Award. She has performed at several international music festivals such as the Spoleto Festival in Spoleto, Italy, and the Colmar International Music Festival and Saint Denis Festival in France. A native of Texas, Laura received her Bachelor of Music degree from Baylor University, Master of Music degree in Piano Accompanying at the Cincinnati College-Conservatory of Music, and a Doctor of Musical Arts in Piano Accompanying from the University of Michigan with Martin Katz. There she was pianist for the Contemporary Directions Ensemble and she performed with the Ann Arbor Symphony. She is co-editor of *Richard Strauss: 40 Songs, Gabriel Fauré: 50 Songs*, and *Johannes Brahms: 75 Songs*, all Hal Leonard publications in *The Vocal Library* series. She is co-founder and pianist for Lyric Fest, a dynamic and innovative recital series in Philadelphia. Laura has recorded more accompaniments than any other pianist, with well over two thousand tracks to her credit. Her recordings include twenty volumes in *The First Book of Solos* series (G. Schirmer), eight volumes of *Easy Songs for Beginning Singers* (G. Schirmer), *28 Italian Songs and Arias of the Seventeenth and Eighteenth Centuries, The First Book of Broadway Solos* series (four volumes, Hal Leonard), five volumes of *Standard Vocal Literature* (Hal Leonard, *The Vocal Library*), over twenty other volumes in *The Vocal Library, The New Imperial Edition* (six volumes, Boosey & Hawkes), and various other collections.

About the Recordings

Veteran diction coach and conductor Pierre Vallet is a native French speaker accustomed to working with professional and student classical singers. This book/audio package allows a student access to French diction coaching at the highest level.

There are two recordings of each song text. First, the coach recites the poem. A singer can hear the mood of the text and the flow of the language. It is important to remember that this poem is what inspired the composer to write an art song setting. Spoken diction is used in the recitation, including the guttural "R" sound in French. However, even in the recitation the coach is aware of how the words were set to music.

Next, the coach has recorded the text line-by-line, without expression, leaving time for the repetition of each phrase. In this slow version the guttural "R" sound has been adapted to the flipped "R" recommended for classical singers. Other small adjustments have been made relevant to the manner in which the words are set to music.

To achieve the best artistic results, it is crucial that the singer spends time with the poem apart from singing it, not only mastering diction to the point of fluency, but also in contemplating the words and learning to express their meanings. Is there an implied character speaking the poem? Only after a singer has pondered the words can she or he appreciate and discern how the composer interpreted the poetry, which is the heart of what art song is.

We make every effort to record a high quality, artistically satisfying accompaniment. Pianist Laura Ward has a deep understanding of the repertory and is extremely experienced in working with singers, from students to professionals. The nature of recording forces one to make one choice in interpretation and tempo. The phrasing implied in any of these piano accompaniment recordings and the tempo should be considered by the singer. However, there is certainly not one way to interpret any art song. We are fully aware that there are other choices beyond those recorded. Ultimately, a singer should use the accompaniment recordings as a learning tool, for practice only, before moving on to working with a pianist, at which time adjustments in tempo and other nuances can and should be explored.

Richard Walters
editor

TABLE
of the International Phonetic Alphabet (IPA) symbols
for the pronunciation of French in singing
used in this Diction Guide:

The Vowels

symbol	equivalent in English	description/notes
[ɑ]	as in "f<u>a</u>ther"	the "dark 'a'"
[a]	in English only in dialect; comparable to the Italian "a"	the "bright 'a'"
[e]	no equivalent; as in the German "Schnee"	the "closed 'e'": [i] in the [ɛ] position
[ɛ]	as in "b<u>e</u>t"	the "open 'e'"
[ə]	no equivalent	the "schwa" neutral vowel, used in a final unstressed syllable under certain circumstances depending upon the musical notation
[i]	as in "f<u>ee</u>t"	
[o]	no equivalent in English as a pure vowel; approximately as in "<u>o</u>pen"	the "closed 'o'"
[ɔ]	as in "<u>ou</u>ght"	the "open 'o'"
[u]	as in "bl<u>ue</u>"	
[y]	no equivalent	[i] sustained with the lips rounded to a [u] position
[ø]	no equivalent	[e] sustained with the lips rounded almost to [u]
[œ]	as in "<u>ea</u>rth" without pronouncing any "r"	the most usual sound of an unstressed neutral syllable: [ɛ] with lips in the [ɔ] position; see also [ə], above
[ɑ̃]	no equivalent	the nasal "a": [ɔ] with nasal resonance added
[õ]	no equivalent	the nasal "o": [o] with nasal resonance added
[ɛ̃]	no equivalent	the nasal "e": as in English "c<u>a</u>t" with nasal resonance added
[œ̃]	no equivalent	the nasal "œ": as in English "<u>u</u>h, h<u>u</u>h" with nasal resonance added

The Semi-consonants

[ɥ]	no equivalent in English	a [y] in the tongue position of [i] and the lip position of [u]
[j]	as in "<u>e</u>we," "<u>y</u>es"	a "glide"
[w]	as in "<u>w</u>e," "<u>w</u>ant"	

The Consonants

[b]	as in "<u>b</u>ad"	with a few exceptions
[c]	[k], as in "<u>c</u>art"	with some exceptions

[ç]	as in "sun"	when initial or medial, before *a*, *o*, or *u*
[d]	usually, as in "door"	becomes [t] in liaison
[f]	usually, as in "foot"	becomes [v] in liaison
[g]	usually, as in "gate"	becomes [k] in liaison; see also [ʒ]
[k]	as in "kite"	
[l]	as in "lift"	with some exceptions
[m]	as in "mint"	with a few exceptions
[n]	as in "nose"	with a few exceptions
[ɲ]	as in "onion"	almost always the pronunciation of the "gn" combination
[p]	as in "pass"	except when silent (final) and in a few rare words
[r] *	no equivalent in English	flipped (or occasionally rolled) "r"
[s]	as in "solo"	with exceptions; becomes [z] in liaison
[t]	as in "tooth"	with some exceptions
[v]	as in "voice"	
[x]	[ks] as in "extra," [gz] as in "exist"	becomes [z] in liaison
[z]	as in "zone"	with some exceptions
[ʒ]	as in "rouge"	usually, "g" when initial or mediant before *e*, *i*, or *y*; also, "j" in any position
[ʃ]	as in "shoe"	

* The "uvular 'r'" used in conversation and popular French song and cabaret is not appropriate in classical singing.

Elision and Liaison

Liaison is common in sung French. Its use follows certain rules; apart from the rules, the final choice as to whether or not to make a liaison sometimes depends on good taste and/or the advice of experts.

Liaison is the sounding (linking) of a normally silent final consonant with the vowel (or mute *h*) beginning the next word.
  examples, with their IPA:

les   oiseaux   est ici
lɛ‿ zwa zo   ɛ‿ ti si

Elision is the linking of a consonant followed by a final unstressed *e* with the vowel (or mute *h*) beginning the next word.
  examples, with their IPA: elle est   votre âme
                              ɛ‿ lɛ   vɔ‿ trɑ mœ

As an additional aid to the user, the linking symbol [‿] is given for **elision** as well as for **liaison**.

– Martha Gerhart

Après un rêve

a prɛ‿ zœ̃ rɛv
Après un rêve
after a dream

dã‿ zœ̃ sɔ mɛj kœ ʃar mɛ̃‿ tõ‿ ni ma ʒœ
Dans un sommeil que charmait ton image
in a sleep which charmed your image

jœ rɛ vɛ lœ bɔ nœr ar dã mi ra ʒœ
je rêvais le bonheur, ardent mirage;
I dreamed of the happiness ardent mirage

tɛ‿ zjø‿ ze tɛ ply du ta vwa py‿ re sɔ nɔ rœ
tes yeux étaient plus doux, ta voix pure et sonore,
your eyes were more gentle your voice pure and sonorous

ty rɛ jɔ nɛ kɔ‿ mœ̃ sjɛ‿ le kle re par lo rɔ rœ
tu rayonnais comme un ciel éclairé par l'aurore.
you radiated like a sky lit by the daybreak

ty ma pœ lɛ e jœ ki tɛ la tɛ rœ
Tu m'appelais et je quittais la terre
you me called and I I left the earth

pur mã fɥi‿ ra vɛk twa vɛr la ly mjɛ rœ
pour m'enfuir avec toi vers la lumière;
for to fly with you toward the light

lɛ sjø pur nu ã tru vrɛ lœr ny œ
les cieux pour nous, entr'ouvraient leurs nues,
the skies for us opened up their clouds

splã dœr‿ zɛ̃ kɔ ny œ ly œr di vi nœ‿ zã trœ vy œ
splendeurs inconnues, lueurs divines entrevues...
splendors unknown glimmers divine caught sight of

e lɑs e lɑs tri stœ re vɛj dɛ sõ ʒœ
Hélas, hélas, triste réveil des songes!
alas alas sad awakening from the dreams

ʒœ ta pɛl o nɥi rã mwa tɛ mã sõ ʒœ
Je t'appelle, ô nuit, rends-moi tes mensonges;
I to you call o night give back to me your illusions

rœ vjɛ̃ rœ vjɛ̃ ra di ø zœ
reviens, reviens radieuse,
come back come back radiant

rœ vjɛ̃ o nɥi mi ste ri ø zœ
reviens, ô nuit mystérieuse!
come back o night mysterious

Au bord de l'eau

o bɔr dœ lo
Au bord de l'eau
At the edge of the water

sa swar tu dø o bɔr dy flo ki pɑ sœ
S'asseoir tous deux au bord du flot qui passe,
to be seated all two at the edge of the wave which passes

lœ vwar pɑ se
le voir passer;
it to see [to] pass

tu dø sil gli‿ sœ̃ ny a‿ ʒɑ̃ lɛ spa sœ
tous deux, s'il glisse un nuage en l'espace,
all two if there glides a cloud in the space

lœ vwar gli se
le voir glisser;
it to see [to] glide

a lɔ ri zõ sil fy‿ mœ̃ twa dœ ʃo mœ
a l'horizon s'il fume un toit de chaume,
on the horizon if there smokes a roof of straw

lœ vwar fy me
le voir fumer;
it to see [to] smoke

o‿ za lɑ̃ tur si kɛl kœ flœ‿ rɑ̃ bo mœ
aux alentours, si quelque fleur embaume,
in the surroundings if some flower gives off scent

sɑ̃‿ nɑ̃ bo me
s'en embaumer;
of it to take in the scent

ɑ̃ tɑ̃‿ dro pje dy so‿ lu lo myr my rœ
entendre au pied du saule où l'eau murmure,
to hear at the foot of the willow where the water murmurs

lo myr my re
l'eau murmurer;
the water [to] murmur

nœ pɑ sɑ̃ tir tɑ̃ kœ sœ rɛ vœ dy rœ
ne pas sentir tant que ce rêve dure,
not to feel as long as this dream lasts

lœ tɑ̃ dy re
le temps durer;
the time [to] continue

mɛ na pɔr tɑ̃ dœ pa si jõ prɔ fõ dœ
mais n'apportant de passion profonde,
but not bringing of passion profound

ka sa dɔ re
qu'à s'adorer,
except to adore each other

sɑ̃ nyl su si dɛ kœ rɛ lœ dy mõ dœ
sans nul souci des querelles du monde,
without any care for the quarrels of the world

lɛ‿ zi ɲɔ re
les ignorer;
them to ignore

e sœl tu dø dœ vɑ̃ tu sœ ki la sœ
et seuls tous deux devant tout ce qui lasse,
and alone us two in the face of all that which causes weariness

sɑ̃ sœ la se
sans se lasser;
without us to become weary

sɑ̃ tir la mur dœ vɑ̃ tu sœ ki pɑ sœ
sentir l'amour devant tout ce qui passe,
to feel the love in the face of all that which passes away

nœ pwɛ̃ pɑ se
ne point passer!
not at all to pass away

Aurore

ɔ rɔr
Aurore
Dawn

dɛ	ʒar dɛ̃	də	la	nɥi	sɑ̃ vɔ lə	lɛ	ze twa lœ
Des	**jardins**	**de**	**la**	**nuit**	**s'envolent**	**les**	**étoiles**
from the	gardens	of	the	night	take flight	the	stars

a bɛ jœ	dɔr	ka ti	rœ̃	nɛ̃ vi zi blœ	mjɛl
Abeilles	**d'or**	**qu'attire**	**un**	**invisible**	**miel,**
bees	of gold	which attracts	an	invisible	honey

e	lo	bo	lwɛ̃	tɑ̃ dɑ̃	la	kɑ̃ dœr	dœ	se	twa lə
Et	**l'aube,**	**au**	**loin**	**tendant**	**la**	**candeur**	**de**	**ses**	**toiles,**
and	the dawn	in the	distance	spreading	the	brilliance	of	its	canvas

tra mœ	dœ	fil	dar ʒɑ̃	lœ	mɑ̃ to	blø	dy	sjɛl
trame	**de**	**fils**	**d'argent**	**le**	**manteau**	**bleu**	**du**	**ciel.**
weaves	with	threads	of silver	the	cloak	blue	of the	sky

dy	ʒar dɛ̃	dœ	mõ	kœr	kœ̃	re vœ	lɑ̃	ɑ̃ ni vrə
Du	**jardin**	**de**	**mon**	**cœur**	**qu'un**	**rêve**	**lent**	**enivre**
from the	garden	of	my	heart	which a	dream	lingering	intoxicates

sɑ̃ vɔ lœ	me	de zir	syr	lɛ	pɑ	dy	ma tɛ̃
s'envolent	**mes**	**désirs**	**sur**	**les**	**pas**	**du**	**matin,**
fly away	my	desires	upon	the	footsteps	of the	morning

kɔ	mœ̃	ne sɛ̃	le ʒe	ka	lɔ ri zõ	dœ	kɥi vrə
comme	**un**	**essaim**	**léger**	**qu'à**	**l'horizon**	**de**	**cuivre**
like	a	swarm of bees	fleet	which to	the horizon	of	copper

apɛ	lœ̃	ʃɑ̃	plɛ̃ tif	e tɛr nœ	le	lwɛ̃ tɛ̃
appelle	**un**	**chant**	**plaintif,**	**éternel**	**et**	**lointain.**
calls	a	song	plaintive	eternal	and	distant

il	vɔ lœ	ta	te	pje	a strœ	ʃa se	de	ny œ
Ils	**volent**	**à**	**tes**	**pieds,**	**astres**	**chassés**	**des**	**nues,**
they	fly	to	your	feet	stars	chased	by the	clouds

eg zi le	dy	sjɛl	dɔ	ru	flœ ri	ta	bo te
exilés	**du**	**ciel**	**d'or**	**où**	**fleurit**	**ta**	**beauté**
exiled	from the	sky	of gold	where	flowers	your	beauty

e	ʃɛr ʃɑ̃	ʒy ska	twa	de	ru tœ	zɛ̃ kɔ ny œ
Et,	**cherchant**	**jusqu'à**	**toi**	**des**	**routes**	**inconnues,**
and	searching	as far as to	you	with	pathways	unknown

mɛ lœ	to	ʒur	ne sɑ̃	lœr	mu rɑ̃ tœ	klar te
mêlent	**au**	**jour**	**naissant**	**leur**	**mourante**	**clarté.**
mingle	with the	day	dawning	their	fading	light

Automne

o tɔ‿	no	sjɛl	bry mø	o‿	zɔ ri zõ	nɑ vrɑ̃
Automne	**au**	**ciel**	**brumeux,**	**aux**	**horizons**	**navrants,**
autumn	with the	sky	misty	with the	horizons	heart-rending

o	ra pi dœ	ku ʃɑ̃	o‿	zo rɔ rœ	pɑ li œ
aux	**rapides**	**couchants,**	**aux**	**aurores**	**pâlies,**
with the	rapid	sunsets	with the	dawns	pale

ʒœ	rœ gar dœ	ku le	kɔ mœ	lo	dy	tɔ rɑ̃
je	**regarde**	**couler,**	**comme**	**l'eau**	**du**	**torrent,**
I	watch	to flow by	like	the water	of the	torrent

tɛ	ʒur	fɛ	dœ	me lɑ̃ kɔ li œ
tes	**jours**	**faits**	**de**	**mélancolie.**
your	days	made	of	melancholy.

syr	lɛ lœ	dɛ	rœ grɛ	mɛ‿	zɛ pri‿	zɑ̃ pɔr te
Sur	**l'aile**	**des**	**regrets**	**mes**	**esprits**	**emportés,**
on	the wing	of	regrets	my	spirits	carried away

kɔ mœ	sil	sœ pu vɛ	kœ	nɔ‿	trɑ ʒœ	rœ nɛ sə
comme	**s'il**	**se pouvait**	**que**	**notre**	**âge**	**renaisse!**
as	if it	was possible	that	our	age	be reborn

par ku rœ‿	tɑ̃	rɛ vɑ̃	lɛ	kɔ to‿	zɑ̃ ʃɑ̃ te
parcourent	**en**	**rêvant**	**les**	**coteaux**	**enchantés,**
travel through	in	dreaming	the	hillsides	enchanted

u	ʒa dis	su ri	ma	jœ nɛ sœ
où	**jadis,**	**sourit**	**ma**	**jeunesse!**
where	once	smiled	my	youth

ʒœ	sɑ̃	o	klɛr	sɔ lɛj	dy	su vœ nir	vɛ̃ kœr
Je	**sens**	**au**	**clair**	**soleil**	**du**	**souvenir**	**vainqueur,**
I	feel	in the	clear	sun	of	memory	victorious

rœ flœ ri‿	rɑ̃	bu kɛ	lɛ	ro zœ	de li e œ
refleurir	**en**	**bouquets**	**les**	**roses**	**déliées,**
to flower again	in	bouquets	the	roses	fallen

e	mõ te‿	ra	mɛ‿	zjø	dɛ	lar mœ
et	**monter**	**à**	**mes**	**yeux**	**des**	**larmes,**
and	to rise	in	my	eyes	(of)	tears

kɑ̃	mõ	kœr
qu'en	**mon**	**cœur**
which in	my	heart

mɛ	vɛ̃‿	tɑ̃	a vɛ‿	tu bli e œ
mes	**vingt**	**ans**	**avaient**	**oubliées!**
my	twenty	years	had	forgotten

Chanson d'amour

ʃɑ̃ sõ da mur
Chanson d'amour
song of love

ʒɛ mœ te̬ zjø ʒɛ mœ tõ frõ
J'aime tes yeux, j'aime ton front,
I love your eyes I love your brow

o ma rœ bɛ̬ lo ma fa ru ʃœ
o ma rebelle, ô ma farouche,
o my rebel o my wild one

ʒɛ mœ te̬ zjø ʒɛ mœ ta bu ʃə
j'aime tes yeux, j'aime ta bouche
I love your eyes I love your mouth

u mɛ bɛ ze se pɥi zœ rõ
où mes baisers s'épuiseront.
where my kisses will run dry

ʒɛ mœ ta vwa ʒɛ mœ le trɑ̃ ʒœ
J'aime ta voix, j'aime l'étrange
I love your voice I love the strange

grɑ sœ dœ tu sœ kœ ty di
grâce de tout ce que tu dis,
grace of everything that which you say

o ma rœ bɛ̬ lo mõ ʃɛ̬ rɑ̃ ʒœ
o ma rebelle, ô mon cher ange,
o my rebel o my dear angel

mõ̬ nɑ̃ fɛr e mõ pa ra di
mon enfer et mon paradis!
my hell and my paradise

ʒɛ mœ tu sœ ki tœ fɛ bɛ lə
J'aime tout ce qui te fait belle,
I love everything that which you makes beautiful

dœ tɛ pje ʒy ska tɛ ʃœ vø
de tes pieds jusqu'à tes cheveux,
from your feet up as far as to your hair

o twa vɛr ki mõ tœ mɛ vø
o toi vers qui montent mes vœux,
o you toward whom rise my desires

o ma fa ru̬ ʃo ma rœ bɛ lœ
o ma farouche, ô ma rebelle!
o my wild one o my rebel

Clair de lune

klɛr dœ lyn
Clair de lune
light of moon

vɔ trɑ mɛ tœ̃ pɛ i za ʒœ ʃwa zi
Votre âme est un paysage choisi
your soul is a landscape chosen

kœ võ ʃar mã ma skœ ze bɛr ga ma skœ
que vont charmant masques et bergamasques
(to) which go delighting maskers and bergamaskers

ʒu ã dy lu te dã sã e ka zi
jouant du luth et dansant et quasi
playing (on the) lute and dancing and almost

tri tœ su lœr de gi zœ mã fã ta skœ
tristes sous leurs déguisements fantasques.
sad beneath their disguises fantastic

tu tã ʃã tã syr lœ mɔ dœ mi nœr
Tout en chantant sur le mode mineur
all in singing on [in] the mode minor

la mur vɛ̃ kœ re la vi ɔ pɔr ty nœ
l'amour vainqueur et la vie opportune,
the love victorious and the life opportune

il nõ pa lɛr dœ krwɑ ra lœr bɔ nœr
ils n'ont pas l'air de croire à leur bonheur
they not have (not) the air of believing in their happiness

e lœr ʃã sõ sœ mɛ lo klɛr dœ ly nœ
et leur chanson se mêle au clair de lune.
and their song mingles with the light of moon

o kal mœ klɛr dœ ly nœ tri ste bo
Au calme clair de lune triste et beau,
with the calm light of moon sad and beautiful

ki fɛ rɛ ve lɛ zwa zo dã lɛ zar brœ
qui fait rêver les oiseaux dans les arbres
which makes to dream the birds in the trees

e sã glɔ te dɛk stɑ zœ lɛ ʒɛ do
et sangloter d'extase les jets d'eau,
and to sob with ecstasy the jets of water [fountains]

lɛ grã ʒɛ do svɛl tœ par mi lɛ mar brœ
les grands jets d'eau sveltes parmi les marbres.
the tall jets of water slender among the marbles [marble statues]

Ici-bas!

i si bɑ	tu	lε	li lɑ	mœ rə
Ici-bas	**tous**	**les**	**lilas**	**meurent,**
here below	all	the	lilacs	die

tu	lε	ʃɑ̃	dε‿	zwa zo	sõ	kur
tous	**les**	**chants**	**des**	**oiseaux**	**sont**	**courts,**
all	the	songs	of the	birds	are	short

ʒœ	rε‿	vo‿	ze te	ki	dœ mœ rœ
je	**rêve**	**aux**	**étés**	**qui**	**demeurent**
I	dream	of the	summers	which	last

tu ʒur
toujours!
forever

i si bɑ	lε	lε vrə‿	ze flœ rə
Ici-bas	**les**	**lèvres**	**effleurent**
here below	the	lips	touch

sɑ̃	rjɛ̃	lε se	dœ	lœr	vœ lur
sans	**rien**	**laisser**	**de**	**leur**	**velours,**
without	anything	to leave	of	their	velvets

ʒœ	rε‿	vo	bɛ ze	ki	dœ mœ rœ
je	**rêve**	**aux**	**baisers**	**qui**	**demeurent**
I	dream	of the	kisses	which	last

tu ʒur
toujours!
forever

i si bɑ	tu	lε‿	zɔ mœ	plœ rœ
Ici-bas,	**tous**	**les**	**hommes**	**pleurent**
here below	all	the	mankind	cry over

lœr‿	za mi tje	u	lœr‿	za mur
leurs	**amitiés**	**ou**	**leurs**	**amours...**
their	friendships	or	their	loves

ʒœ	rε‿	vo	ku plœ	ki	dœ mœ rœ
Je	**rêve**	**aux**	**couples**	**qui**	**demeurent**
I	dream	of the	couples	who	last

tu ʒur
toujours!
forever

Le secret

lə sœ krɛ
Le secret
The secret

ʒœ	vø	kœ	lœ	ma tɛ̃	li ɲɔ rœ
Je	**veux**	**que**	**le**	**matin**	**l'ignore**
I	want	that	the	morning	it may know nothing of

lœ	nõ	kœ	ʒe	di̯	ta	la	nᶣi
le	**nom**	**que**	**j'ai**	**dit**	**à**	**la**	**nuit,**
the	name	that	I have	told	to	the	night

e	ko	vã	dœ	lo bœ	sã	brᶣi
et	**qu'au**	**vent**	**de**	**l'aube,**	**sans**	**bruit,**
and	that in the	wind	of	the dawn	without	noise

kɔ̯	my nœ	lar̯	mil	se va pɔ rœ
comme	**une**	**larme**	**il**	**s'évapore.**
like	a	tear	it	may evaporate

ʒœ	vø	kœ	lœ	ʒur	lœ	prɔ kla mœ
Je	**veux**	**que**	**le**	**jour**	**le**	**proclame**
I	want	that	the	day	it	may proclaim

la mur	ko	ma tɛ̃	ʒe	ka ʃe
l'amour	**qu'au**	**matin**	**j'ai**	**caché,**
the love	that at the	morning	I have	hidden

e	syr	mõ	kœ̯	ru vɛr	pã ʃe
et	**sur**	**mon**	**cœur**	**ouvert**	**penché**
and	over	my	heart	open	leaning

kɔ̯	mœ̃	grɛ̃	dã sã	il	lã fla mœ
comme	**un**	**grain**	**d'encens,**	**il**	**l'enflamme.**
like	a	grain	of incense	it	it may kindle

ʒœ	vø	kœ	lœ	ku ʃã	lu bli œ
Je	**veux**	**que**	**le**	**couchant**	**l'oublie**
I	want	that	the	sunset	it forget

lœ	sœ krɛ	kœ	ʒe	di̯	to	ʒur
le	**secret**	**que**	**j'ai**	**dit**	**au**	**jour,**
the	secret	that	I have	told	to the	day

e	lã pɔr̯	ta vɛk	mõ̯	na mur
et	**l'emporte**	**avec**	**mon**	**amour,**
and	it may carry away	with	my	love

o	pli	dœ	sa	rɔ bœ	pɑ li œ
aux	**plis**	**de**	**sa**	**robe**	**pâlie!**
in the	folds	of	its	robe	pale

Les berceaux

lɛ   bɛr so
Les   berceaux
the   cradles

lœ lõ	dy	ke	lɛ	grɑ̃	vɛ so
Le long	**du**	**quai,**	**les**	**grands**	**vaisseaux,**
all along	of the	quay	the	large	ships

kœ	la	u‿	lɛ̃ kli‿	nɑ̃	si lɑ̃ sœ
que	**la**	**houle**	**incline**	**en**	**silence,**
which	the	surge	tilts	in	silence

nœ	prɛ nœ	pɑ	gar‿	do	bɛr so
ne	**prennent**	**pas**	**garde**	**aux**	**berceaux,**
not	take	[not]	notice	of the	cradles

kœ	la	mɛ̃	dɛ	fa mœ	ba lɑ̃ sœ
que	**la**	**main**	**des**	**femmes**	**balance.**
which	the	hand	of the	women	rocks

mɛ	vjɛ̃ dra	lœ	ʒur	dɛ‿	za djø
Mais	**viendra**	**le**	**jour**	**des**	**adieux,**
but	will come	the	day	of the	farewells

kar	il fo	kœ	lɛ	fa mœ	plœ rœ
car	**il faut**	**que**	**les**	**femmes**	**pleurent,**
for	it is necessary	that	the	women	weep

e	kœ	lɛ‿	zɔ mœ	ky ri ø
et	**que**	**les**	**hommes**	**curieux,**
and	that	the	men	curious

tɑ̃ tœ	lɛ‿	zɔ ri zõ	ki	lœ rœ
tentent	**les**	**horizons**	**qui**	**leurrent!**
attempt	the	horizons	which	lure

e	sœ	ʒur la	lɛ	grɑ̃	vɛ so
Et	**ce**	**jour-là**	**les**	**grands**	**vaisseaux,**
and	that	day there	the	large	ships

fɥi jɑ̃	lœ	pɔr	ki	di mi ny œ
fuyant	**le**	**port**	**qui**	**diminue,**
leaving	the	port	which	recedes

sɑ̃ tœ	lœr	ma sœ	rœ tœ ny œ
sentent	**leur**	**masse**	**retenue**
feel	their	bulk	held back

par	lɑ mœ	dɛ	lwɛ̃ tɛ̃	bɛr so
par	**l'âme**	**des**	**lointains**	**berceaux.**
by	the soul	of the	distant	cradles

Les roses d'Ispahan

lɛ ro sœ di spa ã dã lœr gɛ nœ də mu sœ
Les roses d'Ispahan dans leur gaîne de mousse,
the roses of Isfahan in their sheath of moss

lɛ ʒas mɛ̃ də mɔ sul lɛ flœr də lɔ rã ʒe
les jasmins de Mossoul, les fleurs de l'oranger
the jasmins of Mosul the flowers of the orange tree

õ tœ̃ par fœ̃ mwɛ̃ frɛ õ ty no dœr mwɛ̃ du sœ
ont un parfum moins frais, ont une odeur moins douce,
have a scent less fresh have an aroma less sweet

o blã ʃœ le i la kə tõ su flə le ʒe
o blanche Leïlah! que ton souffle léger.
o fair Leïlah than your breath gentle

ta lɛ vrɛ də kɔ raj e tõ ri rə le ʒe
Ta lèvre est de corail, et ton rire léger
your lip is of coral and your laughter light

sɔ nə mjø kœ lo vi ve dy nə vwa ply du sœ
sonne mieux que l'eau vive et d'une voix plus douce,
sounds better than the water running and with a voice more sweet

mjø kœ lœ vã ʒwa jø ki bɛr sə lɔ rã ʒe
mieux que le vent joyeux qui berce l'oranger,
better than the wind joyful which rocks the orange tree

mjø kœ lwa zo ki ʃã to bɔr dœ̃ ni dœ mu sœ
mieux que l'oiseau qui chante au bord d'un nid de mousse.
better than the bird which sings on the edge of a nest of moss

o le i la dœ pɥi kœ dœ lœr vɔl le ʒe
O Leïlah! depuis que de leur vol léger
o Leïlah ever since with their flight agile

tu lɛ bɛ ze zõ fɥi dœ ta lɛ vrœ si du sœ
tous les baisers ont fui de ta lèvre si douce,
all the kisses have flown from your lip so sweet

il nɛ ply dœ par fœ̃ dã lœ pɑ lɔ rã ʒe
il n'est plus de parfum dans le pâle oranger,
there is no more of scent in the pale orange tree

ni dœ se lɛ sta ro mo ro zə dã lœr mu sœ
ni de céleste arôme aux roses dans leur mousse.
nor of heavenly aroma from the roses in their moss

o kœ tõ ʒœ na mur sœ pa pi jõ le ʒe
Oh! que ton jeune amour, ce papilon léger,
oh that your young love that butterfly light

rœ vjɛn œ ver mõ kœr dy nɛ lœ prõ te du sœ
revienne vers mon cœur d'une aile prompte et douce,
may return to my heart with a wing quick and sweet

e kil par fy mã kɔr la flœr də lɔ rã ʒe
et qu'il parfume encor la fleur de l'oranger,
and that it may give fragrance to again the flower of the orange tree

lɛ ro sœ di spa ã dã lœr gɛ nœ dœ mu sœ
les roses d'Ispahan dans leur gaîne de mousse!
the roses of Isfahan in their sheath of moss

Lydia

li di a	syr	tɛ	ro zœ	ʒu œ		
Lydia,	**sur**	**tes**	**roses**	**joues,**		
Lydia	on	your	rosy	cheeks		

e	syr	tõ	kɔl	frɛ͜	ze	si	blã
et	**sur**	**ton**	**col**	**frais**		**si**	**blanc,**
and	on	your	neck	fresh		so	white

[kœ	lœ	lɛ]	ru͜	le tɛ̃ sœ lã		
[Que	**le**	**lait,]**	**roule**	**étincelant**		
[as	the	milk]	roll	glistening		

lɔr	flɥ i dœ	kœ	ty	de nu œ		
l'or	**fluide**	**que**	**tu**	**dénoues.**		
the gold	flowing	which	you	unbind		

lœ	ʒur	ki	lɥi	ɛ	lœ	me jœr
Le	**jour**	**qui**	**luit**	**est**	**le**	**meilleur;**
the	day	that	breaks	is	the	best

u bli õ	le tɛr nɛ lœ	tõ bœ		
oublions	**l'éternelle**	**tombe.**		
let us forget	the eternal	tomb		

lɛ sœ	tɛ	bɛ ze	tɛ	bɛ ze	dœ	kɔ lõ bœ
Laisse	**tes**	**baisers,**	**tes**	**baisers**	**de**	**colombe**
let	your	kisses	your	kisses	of	dove

ʃã te	syr	ta	lɛ͜	vrã	flœr
chanter	**sur**	**ta**	**lèvre**	**en**	**fleur.**
to sing	upon	your	lip	in	bloom

œ̃	lis	ka ʃe	re pã	sã	sɛ sœ
Un	**lys**	**caché**	**répand**	**sans**	**cesse**
a	lily	hidden	gives off	without	cease

y͜	no dœr	di vi͜	nã	tõ	sɛ̃
une	**odeur**	**divine**	**en**	**ton**	**sein:**
a	fragrance	divine	in	your	breast

lɛ	de li sœ	kɔ͜	mœ̃͜	ne sɛ̃
les	**délices,**	**comme**	**un**	**essaim,**
the	delights	like	a	swarm

sɔr tœ	dœ	twa	ʒœ nœ	de ɛ sœ
sortent	**de**	**toi,**	**jeune**	**Déesse!**
come out	from	you	young	goddess

ʒœ	tɛ͜	me	mœr	o	mɛ͜	za mur
Je	**t'aime**	**et**	**meurs,**	**ô**	**mes**	**amours,**
I	you love	and	I die	o	my	loves

mõ͜	nɑ͜	mã	bɛ ze	mɛ	ra vi œ
mon	**âme**	**en**	**baisers**	**m'est**	**ravie!**
my	soul	in	kisses	to me is	ravished

o	li di a	rã mwa	la	vi œ
O	**Lydia,**	**rends-moi**	**la**	**vie,**
o	Lydia	give back to me	the	life

kœ	ʒœ	pɥi sœ	mu rir	tu ʒur
que	**je**	**puisse**	**mourir**	**toujours!**
that	I	may be able	to die	always

Mandoline

mã dɔ lin
Mandoline
mandoline

lɛ   dɔ nœr   dœ   se re na dœ
Les   **donneurs**   **de**   **sérénades**
the   givers   of   serenades

e   lɛ   bɛ lœ‿   ze ku tœ zœ
et   **les**   **belles**   **écouteuses,**
and   the   beautiful   (female) listeners

e ʃã ʒœ   dɛ   prɔ po   fa dœ
échangent   **des**   **propos**   **fades**
exchange   (of)   talk   banal

su   lɛ   ra my rœ   ʃã tø zœ
sous   **les**   **ramures**   **chanteuses.**
beneath   the   branches   singing

sɛ   tir si‿   se   sɛ‿   ta mɛ̃ tœ
C'est   **Tircis**   **et**   **c'est**   **Aminte,**
it is   Tircis   and   it is   Aminte

e   sɛ   le tɛr nɛl   kli tã drœ
et   **c'est**   **l'éternel**   **Clitandre,**
and   it is   the eternal   Clitandre

e   sɛ   da mis   ki   pur   mɛ̃ tœ
et   **c'est**   **Damis**   **qui**   **pour**   **mainte**
and   it is   Damis   who   for   many a

cry ɛ lœ   fɛ   mɛ̃   vɛr   tã drœ
cruelle   **fait**   **maint**   **vers**   **tendre.**
cruel one (woman)   creates   many a   verse   tender

lœr   kur tœ   vɛ stœ   dœ   swa
Leurs   **courtes**   **vestes**   **de**   **soie,**
their   short   jackets   of   silk

lœr   lõ gœ   rɔ bœ‿   za kø
leurs   **longues**   **robes**   **à queues,**
their   long   dresses   with trains

lœ‿   re le gã sœ   lœr   ʒwa
leur   **élégance,**   **leur**   **joie**
their   elegance   their   joy

e   lœr   mɔ lœ‿   zõ brœ   blø
et   **leurs**   **molles**   **ombres**   **bleues,**
and   their   soft   shadows   blue

tur bi jɔ nœ   dã   lɛk stɑ zə
Tourbillonnent   **dans**   **l'extase**
whirl   in   the ecstasy

dy nœ   ly nœ   ro‿   ze   gri zœ
d'une   **lune**   **rose**   **et**   **grise,**
of a   moon   pink   and   gray

e   la   mã dɔ li nœ   ʒa zœ
et   **la**   **mandoline**   **jase**
and   the   mandoline   chatters

par mi   lɛ   fri sõ   dœ   bri zœ
parmi   **les**   **frissons**   **de**   **brise.**
amidst   the   quiverings   of   breeze

Nell

nɛl
Nell
Nell

ta	ro ze	də	pur‿		pra	tõ	klɛr	sɔ lej
Ta	**rose**	**de**	**pourpre,**	**à**	**ton**	**clair**	**soleil,**
your	rose	of	crimson	in	your	clear	sun

	o	ʒɥɛ̃	e tɛ̃ sɛ‿	lã ni vre ə
	o	**juin,**	**étincelle**	**enivrée;**
	o	June	sparkles	impassioned

pã‿	ʃo si	vɛr	mwa	ta	ku pœ	dɔ re ə
penche	**aussi**	**vers**	**moi**	**ta**	**coupe**	**dorée:**
incline	also	toward	me	your	cup	golden

	mõ	kœ‿	ra	ta	ro‿	zɛ	pa rɛj
	mon	**cœur**	**à**	**ta**	**rose**	**est**	**pareil.**
	my	heart	to	your	rose	is	alike

su	lœ	mɔ‿	la bri	dœ	la	fœ‿	jõ brø zœ
Sous	**le**	**mol**	**abri**	**de**	**la**	**feuille**	**ombreuse**
beneath	the	soft	shelter	of	the	foliage	shady

	mõ‿	tœ̃	su pir	dœ	vɔ lyp te
	monte	**un**	**soupir**	**de**	**volupté;**
	rises	a	sigh	of	sensuous pleasure

ply	dœ̃	ra mje	ʃã‿	to	bwa‿	ze kar te
plus	**d'un**	**ramier**	**chante**	**au**	**bois**	**écarté,**
more	than one	dove	sings	in the	wood	lonely

	o	mõ	kœr	sa	plɛ̃‿	ta mu rø zœ
	o	**mon**	**cœur,**	**sa**	**plainte**	**amoureuse.**
	o	my	heart	its	plaint	amorous

kœ	ta	pɛr‿	lɛ	du‿	so	sjɛ‿	lã flɑm e
Que	**ta**	**perle**	**est**	**douce**	**au**	**ciel**	**enflammé,**
how	your	pearl	is	sweet	to the	sky	flaming

	e twa lœ	dœ	la	nɥi	pã si vœ
	étoile	**de**	**la**	**nuit**	**pensive!**
	star	of	the	night	pensive

mɛ	kõ bjɛ̃	ply	du‿	sɛ	la	klar te	vi və
Mais	**combien**	**plus**	**douce**	**est**	**la**	**clarté**	**vive**
but	how much	more	sweet	is	the	light	vivid

	ki	rɛ jɔ‿	nã	mõ	kœr	ʃar me
	qui	**rayonne**	**en**	**mon**	**cœur**	**charmé!**
	that	shines	in	my	heart	charmed

la	ʃã tã tə	mɛr	lœ lõ dy	ri va ʒə
La	**chantante**	**mer,**	**le long du**	**rivage,**
the	singing	sea	along [of] the	shore

	tɛ ra	sõ	myr my‿	re tɛr nɛl
	taira	**son**	**murmure**	**éternel,**
	will silence	its	murmuring	eternal

a vã	kã	mõ	kœr	ʃɛ‿	ra mur	o	nɛl
avant	**qu'en**	**mon**	**cœur,**	**chère**	**amour,**	**o**	**Nell,**
before	that in	my	heart	dear	love	o	Nell

	nœ	flœ ri sœ	ply	tõ‿	ni ma ʒœ
	ne	**fleurisse**	**plus**	**ton**	**image!**
	not	flowers	more	your	image

Notre amour

nɔ‿ tra mu‿ rɛ ʃo zœ le ʒɛ rœ
Notre amour est chose légère
our love is thing light

kɔ mœ le par fœ̃ kœ lœ vɑ̃
comme les parfums que le vent
like the perfumes that the wind

prɑ̃‿ to si mœ dœ la fu ʒɛ rœ
prend aux cimes de la fougère,
takes from the tips of the fern

pur kõ le rɛ spi‿ rɑ̃ rɛ vɑ̃
pour qu'on les respire en rêvant.
in order that one them may breathe in dreaming

nɔ‿ tra mu‿ rɛ ʃo zœ ʃar mɑ̃ tœ
Notre amour est chose charmante,
our love is thing charming

kɔ mœ le ʃɑ̃ sõ dy ma tɛ̃
comme les chansons du matin,
like the songs of the morning

u nyl rœ grɛ nœ sœ la mɑ̃ tə
où nul regret ne se lamente,
where no regret (not) one laments

u vi‿ brœ̃‿ nɛ spwa‿ rɛ̃ sɛr tɛ̃
où vibre un espoir incertain.
where vibrates a hope uncertain

nɔ‿ tra mu‿ rɛ ʃo zœ sa kre œ
Notre amour est chose sacrée,
our love is thing sacred

kɔ mœ le mi stɛ rœ dɛ bwɑ
comme les mystères des bois
like the mysteries of the woods

u tre sa‿ jy‿ nɑ‿ mi ɲɔ re œ
où tressaille une âme ignorée,
where quivers a soul unknown

u le si lɑ̃ sœ‿ zõ dɛ vwa
où les silences ont des voix.
where the silences have (of) voices

nɔ‿ tra mu‿ rɛ ʃo‿ zɛ̃ fi ni œ
Notre amour est chose infinie,
our love is thing infinite

kɔ mœ le ʃœ mɛ̃ dɛ ku ʃɑ̃
comme les chemins des couchants,
like the paths of the setting suns

u la mɛ‿ ro sjø re y ni œ
où la mer, aux cieux réunie,
where the sea to the skies joined together

sɑ̃ dɔr su le sɔ lɛj pɑ̃ ʃɑ̃
s'endort sous les soleils penchants.
falls asleep beneath the suns inclining

nɔ‿ tra mu‿ rɛ ʃo‿ ze tɛr nɛ lœ
Notre amour est chose éternelle,
our love is thing eternal

kɔ mœ tu sœ kœ̃ djø vɛ̃ kœ‿
comme tout ce qu'un dieu vainqueur
like all that which a god victorious

ra tu ʃe dy fø dœ sõ‿ nɛ lœ
a touché du feu de son aile,
has touched with the fire of his wing

kɔ mœ tu sœ ki vjɛ̃ dy kœr
comme tout ce qui vient du cœur.
like all that which comes from the heart

Rencontre

rɑ̃ kɔ̃ tr
Rencontre
Meeting

ʒe tɛ   tri‿ ste   pɑ̃ sif   kɑ̃   ʒœ   te   rɑ̃ kɔ̃ tre œ
J'étais   triste   et   pensif   quand   je   t'ai   rencontrée;
I was   sad   and   pensive   when   I   you I have   met

ʒœ   sɑ̃   mwɛ̃‿   zo ʒur dɥi   mɔ̃‿   nɔp sti ne   tur mɑ̃
je   sens   moins   aujourd'hui   mon   obstiné   tourment.
I   feel   less   today   my   persistent   torment

o   di mwa   sœ rɛ ty   la   fa‿   mi nɛ spe re œ
O   dis-moi,   serais-tu   la   femme   inespérée,
o   tell me   could be-you   the   woman   unhoped for

e   lœ   rɛ‿   vi de al   pur sɥi vi   vɛ nœ mɑ̃
et   le   rêve   idéal   poursuivi   vainement?
and   the   dream   ideal   pursued   in vain

o   pɑ sɑ̃‿   to   du‿   zjø   sœ rɛ ty   dɔ̃   la mi ə
O   passante   aux   doux   yeux,   serais-tu   donc   l'amie
o   passer-by   with the   gentle   eyes   could be-you   then   the friend

ki   rɑ̃ drɛ   lœ   bɔ nœr   o   pɔ ɛ‿   ti zɔ le
qui   rendrait   le   bonheur   au   poète   isolé?
who   would bring   the   happiness   to the   poet   lonely

e   va ty   rɛ jɔ ne   syr   mɔ̃‿   nɑ   ma fɛr mi ə
Et   vas-tu   rayonner   sur   mon   âme   affermie,
and   are going-you   to shine   upon   my   soul   strengthened

kɔ mœ   lœ   sjɛl   na tal   sy‿   rœ̃   kœr   deg zi le
comme   le   ciel   natal   sur   un   cœur   d'exilé?
like   the   sky   native   upon   a   heart   in exile

ta   tri stɛ sœ   so vaʒ   a   la   mjɛ nœ   pa rɛ jœ
Ta   tristesse   sauvage,   à   la   mienne   pareille,
your   sadness   retiring   at   the   mine   alike

ɛ‿   ma   vwar   lœ   sɔ lɛj   de kli ne   syr   la   mɛr
aime   à   voir   le   soleil   décliner   sur   la   mer.
loves   to   [to] see   the   sun   to set   over   the   sea

dœ vɑ̃   li mɑ̃ si te   tɔ̃‿   nɛk stɑ zœ   se ve jœ
Devant   l'immensité   ton   extase   s'éveille,
in the face of   the vastness   your   ecstasy   awakens

e   lœ   ʃar mœ   de   swar   a   ta   bɛ‿   lɑ‿   me   ʃɛr
et   le   charme   des   soirs,   à   ta   belle   âme   est   cher.
and   the   charm   of the   evenings   to   your   beautiful   soul   is   dear

y nœ   mi ste ri ø‿   ze   du sœ   sɛ̃ pa ti ə
Une   mystérieuse   et   douce   sympathie
a   mysterious   and   sweet   sympathy

de ʒa   mɑ̃ ʃɛ‿   na twa kɔ‿   mœ̃   vi vɑ̃   li ɛ̃
déjà   m'enchaîne   à   toi   comme   un   vivant   lien,
already   me binds   to   you   like   a   living   bond

e   mɔ̃‿   nɑ mœ   fre mi   par   la mu‿   rɑ̃ va i ə
et   mon   âme   frémit,   par   l'amour   envahie,
and   my   soul   quivers   by   the love   invaded

e   mɔ̃   kœr   tœ   ʃe ri   sɑ̃   tœ   kɔ nɛ trə   bjɛ̃
et   mon   cœur   te   chérit,   sans   te   connaître   bien!
and   my   heart   you   cherishes   without   you   to know   well

Après un rêve

Romain Bussine
(1830–1899)
After an anonymous Tuscan poet

Gabriel Fauré
(1845–1924)

Original key: C minor. Composed 1878? The publisher, Hamelle added the opus number, at the request of Fauré, in 1896. Dedicated to Madame Marguerite Baugnies. Published by Choudens, 1878; Hamelle, 1887, first collection, no. 15. First performance, Société nationale de musique, January 11, 1879, Henriette Fuchs, soprano. Romain Bussine, professor of singing at the Paris Conservatoire, adapted the text from an Italian poem titled "Levati sol che la luna é levatai." The song is written in an Italianate *bel canto* style, no doubt inspired by Fauré's relationship with the Viardot family. Fauré was engaged to Marianne Viardot, daughter of Pauline Viardot. Marianne terminated the engagement, and Fauré composed the song—the evocation of a lost vision of love—soon after. Fauré's other Italianate settings ("Sérénade toscane," "Barcarolle" and "Chanson du pêcheur") also belong to this period. The popularity of this mélodie has occasioned many instrumental transcriptions.

Après un rêve

Dans un sommeil que charmait ton image
Je rêvais le bonheur, ardent mirage;
Tes yeux étaient plus doux, ta voix pure et sonore,
Tu rayonnais comme un ciel éclairé par l'aurore.

Tu m'appelais et je quittais la terre
Pour m'enfuir avec toi vers la lumière;
Les cieux pour nous, entr'ouvraient leurs nues,
Splendeurs inconnues, lueurs divines entrevues…

Hélas, hélas, triste réveil des songes!
Je t'appelle, ô nuit, rends-moi tes mensonges;
Reviens, reviens radieuse,
Reviens, ô nuit mystérieuse!

After a dream

In a sleep charmed by your image
I dreamed of happiness, ardent mirage;
Your eyes were soft, your voice pure and rich,
You were radiant as a sky lit by the dawn.

You called me, and I left the earth
To flee with you towards the light.
The heavens parted their clouds for us
Unknown splendors, glimpses of divine light…

Alas, alas, sad awakening from dreams!
I call to you, o night, give me back your illusions;
Return, return in radiance,
Return, o mysterious night!

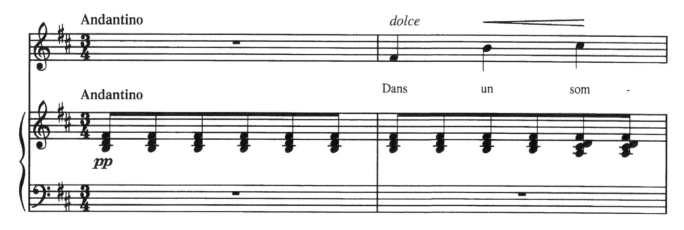

heur, ar-dent mi - ra - ge; Tes yeux é-taient plus

doux, ta voix pure et so - no - re, Tu ray - on -

nais comme un ciel é-clai-ré par l'au - ro - re.

Tu m'ap - pe - lais et je quit-tais la ter - re Pour m'en-fuir a - vec

toi vers la lu - miè - re; Les cieux __ pour __

nous, __ en - tr'ou-vraient leurs nu - es, Splen - deurs __ in - con -

nu - es, lu - eurs di - vi - nes en - tre - vu - es... Hé -

las, hé - las, tris - te ré - veil __ des son

Aurore

Armand Silvestre
(1838–1901)

Gabriel Fauré
(1845–1924)

Opus 39, no. 1. Original key: G major. Composed 1884. Dedicated to Madame Henriette Roger-Jourdain. Published by Hamelle, 1885; second collection, no. 12. First performance, Société nationale de musique, December 13, 1884, Marguerite Mauvernay. Silvestre served in the French government first in the department of Finance. His poetry in the Parnassian aesthetic began being published in the early 1880s. He was decorated with the Legion of Honor in 1886, and was made official inspector of fine arts in 1892. Besides poetry Silvestre wrote plays, essays and criticism. Fauré composed ten songs and one choral work to Silvestre's poetry.

Aurore

Des jardins de la nuit s'envolent les étoiles
Abeilles d'or qu'attire un invisible miel,
Et l'aube, au loin tendant la candeur de ses toiles,
Trame de fils d'argent le manteau bleu du ciel.

Du jardin de mon cœur qu'un rêve lent enivre
S'envolent mes désirs sur les pas du matin,
Comme un essaim léger qu'à l'horizon de cuivre
Appelle un chant plaintif, éternel et lointain.

Ils volent à tes pieds, astres chassés des nues,
Exilés du ciel d'or où fleurit ta beauté
Et, cherchant jusqu'à toi des routes inconnues,
Mêlent au jour naissant leur mourante clarté.

Dawn

From the gardens of night the stars are flying away,
Golden bees attracted by an invisible honey,
And the dawn, extending the whiteness of its cloth in the distance,
Weaves with silver threads the blue cloak of the sky.

From the garden of my heart intoxicated by a slow dream
My desires fly away upon the steps of morning,
Like a light swarm called in the copper horizon
By a plaintive, eternal and faraway song.

They fly to your feet, those stars chased from the clouds,
Exiled from the golden sky where your beauty flourishes
And, seeking unknown paths toward you,
Mingle their dying light with the dawning day.

Au bord de l'eau

(René François) Sully-Prudhomme
(1839–1907)

Gabriel Fauré
(1845–1924)

Opus 8, no. 1. Original key: C-sharp minor. Composed 1875. Dedicated to Madame Claudie Chamerot. Published by Choudens, 1877; Hamelle, 1887; first collection, no. 18, then no. 17. First performance, Société nationale de musique, January 19, 1878, Mademoiselle Miramont-Tréogate. See "Les berceaux" for information on Sully-Prudhomme. Fauré softened dental sounds in song texts and "Au bord de l'eau" contains an example:

Prudhomme's original: S'asseoir tous deux au bord *d'un* flot qui passe
Fauré's adaptation: S'asseoir tous deux au bord *du* flot qui passe

Au bord de l'eau

S'asseoir tous deux au bord du flot qui passe,
    Le voir passer;
Tous deux, s'il glisse un nuage en l'espace,
    Le voir glisser;
A l'horizon s'il fume un toit de chaume,
    Le voir fumer;
Aux alentours, si quelque fleur embaume,
    S'en embaumer;
Entendre au pied du saule où l'eau murmure,
    L'eau murmurer;
Ne pas sentir tant que ce rêve dure,
    Le temps durer;
Mais n'apportant de passion profonde,
    Qu'à s'adorer,
Sans nul souci des querelles du monde,
    Les ignorer;
Et seuls tous deux devant tout ce qui lasse,
    Sans se lasser;
Sentir l'amour devant tout ce qui passe,
    Ne point passer!

At the water's edge

To sit together at the edge of the passing wave,
    To see it pass;
Together, if a cloud glides by in space,
    To see it glide;
If a thatched roof sends smoke on the horizon,
    To see it smoke;
If in the vicinity some flower gives off a scent,
    To take in that scent;
To hear, at the foot of the willow where water murmurs,
    The water murmur;
Not to feel, so long as this dream lasts,
    Time lasts;
But bringing no deep passion
    Except to adore each other,
With no concern for the quarrels of the world,
    To know nothing of them;
And alone together, in the face of all that causes weariness,
    Without becoming weary,
To feel love, in the face of all that passes away,
    Not pass away!

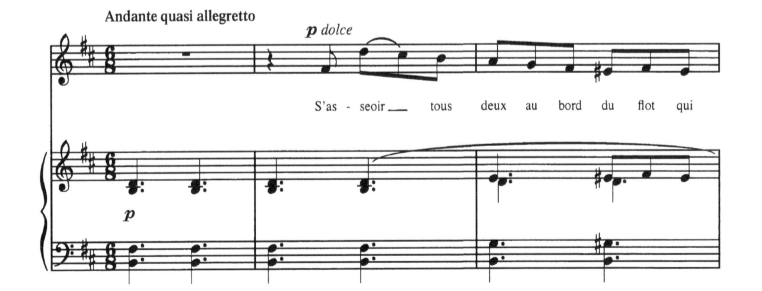

fon - de, _____ Qu'à s'a - do - rer, Sans nul sou -

ci des que-rel - les du mon - de, _____ Les i - gno -

rer; Et seuls tous deux de - vant tout ce qui las - se, _____

Sans se las - ser; Sen - tir l'a - mour de - vant tout ce qui

Automne

Armand Silvestre
(1838–1901)

Gabriel Fauré
(1845–1924)

Opus 18, no. 3. Original key: B minor. Composed 1878. Published by Hamelle, 1880; second collection, no. 3. First performance, Société nationale de musique, January 29, 1881, Henrietta Fuchs, soprano. Dedicated to M. Emmanuel Jadin. In Fauré's catalogue, "Automne" stands out for its heavy dramatic texture and unrestrained climax. It is another example of Fauré's ability to compose an elegant, sustained melodic line underlaid with intense emotion (also see "Après un rêve"). See "Aurore" for information about Silvestre.

Automne

Automne au ciel brumeux, aux horizons navrants,
Aux rapides couchants, aux aurores pâlies,
Je regarde couler, comme l'eau du torrent,
Tes jours faits de mélancolie.

Sur l'aile des regrets mes esprits emportés,
Comme s'il se pouvait que notre âge renaisse!
Parcourent en rêvant les coteaux enchantés,
Où jadis, sourit ma jeunesse!

Je sens au clair soleil du souvenir vainqueur,
Refleurir en bouquets les roses déliées,
Et monter à mes yeux des larmes,
Qu'en mon cœur
Mes vingt ans avaient oubliées!

Autumn

Autumn of misty skies and heartbreaking horizons,
Of fleeting sunsets, of pale dawns
I watch flowing by, like the waters of a torrent,
Your days tinged with melancholy.

My thoughts, carried away on the wings of regret,
—As though it were possible for our age to be reborn!
Travel in dreams over the enchanted hillsides,
Where once my youth had smiled!

In the bright sunlight of victorious memory
I smell the fallen roses blooming again in bouquets
And tears rise to my eyes
That in my heart
At twenty had been forgotten!

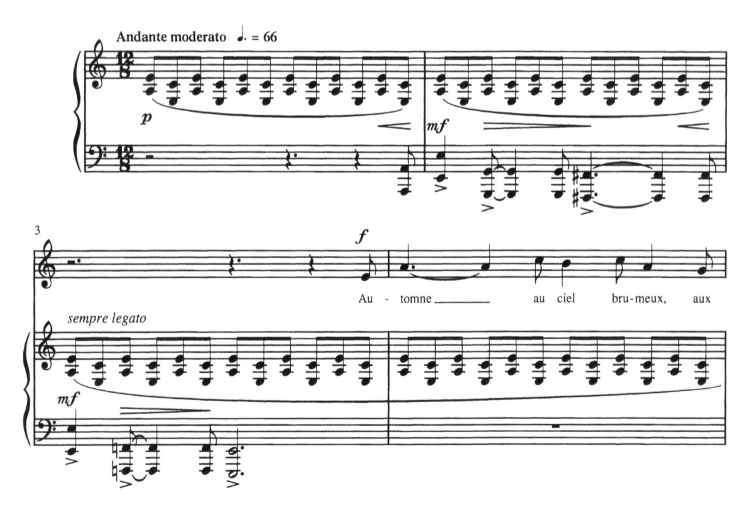

jours faits de mé - lan - co - li - e.

dolcissimo

dimin.

Ped.

Ped.

dolce

Sur l'ai - le des re - grets mes es -

sempre pp

Ped.

prits em - por - tés, Com - me s'il se pou - vait que notre

â - ge re - nais - se! Par - cou - rent en rê - vant les co -

cresc. molto

cresc.

Le secret

Armand Silvestre
(1838–1901)

Gabriel Fauré
(1845–1924)

Opus 23, no. 3. Original key: D-flat major. Composed 1880-81, and first published in 1881. Dedicated to Mademoiselle Alice Boissonnet. The first known performance was at the Société nationale de musique, Paris, January 1883, by André Quirot, bass, with the composer at the piano. See "Aurore" for information on Silvestre.

Le secret

Je veux que le matin l'ignore
Le nom que j'ai dit à la nuit,
Et qu'au vent de l'aube, sans bruit,
Comme une larme il s'évapore.

Je veux que le jour le proclame
L'amour qu'au matin j'ai caché,
Et sur mon cœur ouvert penché
Comme un grain d'encens, il l'enflamme.

Je veux que le couchant l'oublie
Le secret que j'ai dit au jour,
Et l'emporte avec mon amour,
Aux plis de sa robe pâlie!

The secret

I want the morning not to know
The name that I told to the night,
And that in the wind of dawn, noiselessly,
Like a tear it should evaporate.

I want the day to proclaim
The love that I hid from the morning,
And that, leaning over my open heart,
It should set it on fire like a grain of incense.

I want the sunset to forget
The secret that I told to the day,
And carry it away with my love,
In the folds of its pale dress!

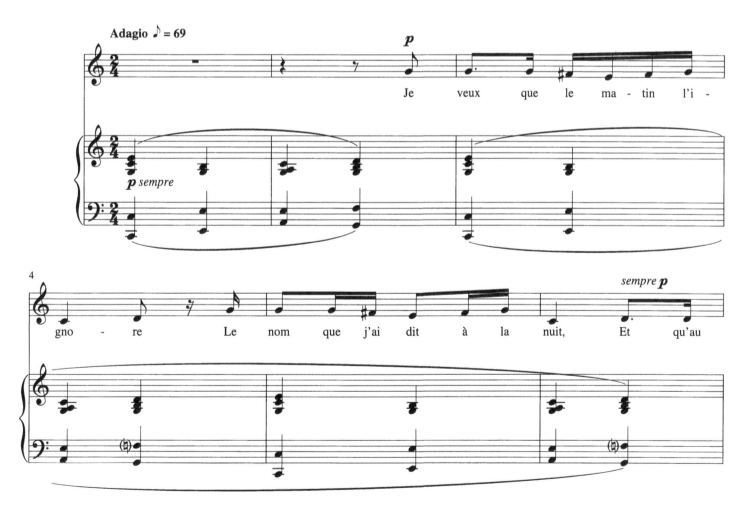

Chanson d'amour

Armand Silvestre
(1838–1901)

Gabriel Fauré
(1845–1924)

Opus 27, no. 1. Original key: F major. Composed 1882. Dedicated to Mademoiselle Jane Huré. Published by Hamelle, 1882; second collection, no. 10. First performance, Société nationale de musique, December 9, 1882, Jane Huré, soprano. Armand Silvestre wrote graceful verse often criticized as sentimental and lacking in depth. However, composers such as Fauré and Duparc seemed able to work easily with his poetry. Fauré composed 10 mélodies and a choral work using Silvestre's verses. In this setting, Fauré lengthened the poem by using the first four lines as a refrain. See "Aurore" for information on Silvestre.

Chanson d'amour

J'aime tes yeux, j'aime ton front,
O ma rebelle, ô ma farouche,
J'aime tes yeux, j'aime ta bouche
Où mes baisers s'épuiseront.

J'aime ta voix, j'aime l'étrange
Grâce de tout ce que tu dis,
O ma rebelle, ô mon cher ange,
Mon enfer et mon paradis!

J'aime tout ce qui te fait belle,
De tes pieds jusqu'à tes cheveux,
O toi vers qui montent mes vœux,
O ma farouche, ô ma rebelle!

Love Song

I love your eyes, I love your forehead,
O my rebel, o my wild one,
I love your eyes, I love your mouth
Where my kisses will exhaust themselves.

I love your voice, I love the strange
Grace of all you say,
O my rebel, o my darling angel,
My hell and my paradise!

I love everything that makes you beautiful,
From your feet to your hair,
O you towards whom all my desires fly,
O my wild one, o my rebel!

Clair de lune

Paul Verlaine
(1844–1896)

Gabriel Fauré
(1845–1924)

Opus 46, no. 32. Original key: B-flat minor. Composed 1887. The song was first published by Hamelle in 1888, and was orchestrated by the composer the same year. The first performance was at the Société nationale de musique, Paris, in April 1888, sung by Marice Bagès, tenor, with orchestra. The poem is taken from Verlaine's *Fêtes galantes* (Romantic Festivities) of 1869. In these poems Verlaine blends the world of the *commedia dell'arte* (a popular comedy form improvised by traveling players, using stock characters) with the atmosphere of the *fêtes galantes* as depicted in 18th-century paintings by Watteau: scenes of charming, elegantly dressed couples, amusing themselves in the great parks amidst fountains and statues. Fauré always created an atmosphere or poetic mood in his songs, nowhere more elegantly than here, an extraordinary example of text and music that mutually enhance one another. This song was Fauré's first setting of Verlaine. Paul Verlaine was a groundbreaking symbolist poet, an evocative style of anti-rhetorical verse. Verlaine led a colorful life, abandoning his wife for poet Arthur Rimbaud, whom he later shot in the hand in a drunken rage of jealousy. Verlaine taught in England and France, but in later years drank absinthe to excess in Paris. His poetry was rediscovered in the 1890s, and he was elected "Prince of Poets" of France in 1894.

Clair de lune	*Moonlight*
Votre âme est un paysage choisi	*Your soul is a rare landscape*
Que vont charmant masques et bergamasques*	*Charmed by masks and bergamasks*
Jouant du luth et dansant et quasi	*Playing the lute and dancing, and almost*
Tristes sous leurs déguisements fantasques.	*Sad beneath their fantastic disguises.*
Tout en chantant sur le mode mineur	*While singing in the minor key*
L'amour vainqueur et la vie opportune,	*Of victorious love and the good life,*
Ils n'ont pas l'air de croire à leur bonheur	*They do not seem to believe in their happiness,*
Et leur chanson se mêle au clair de lune.	*And their song blends with the moonlight.*
Au calme clair de lune triste et beau,	*With the calm moonlight, sad and beautiful,*
Qui fait rêver les oiseaux dans les arbres	*That makes the birds dream in the trees,*
Et sangloter d'extase les jets d'eau,	*And the fountains sob with rapture,*
Les grands jets d'eau sveltes parmi les marbres.	*The tall slender fountains among the marble statues.*

*Although the term "bergamask" normally refers to a dance, Verlaine was apparently using the word to refer to those characters of the Italian comedy, such as Harlequin, who spoke the dialect of Bergamo.

Votre âme est un pa - y - sa - ge choi - si

Que vont char - mant mas - ques et ber - ga - mas - ques

sempre cantabile

18

Jou - ant du luth et dan - sant et qua - si

21

Tris - tes sous leurs dé - gui - se - ments fan -

23

tas - ques.

26 *dolce*

Tout en chan - tant sur le mo - de mi - neur L'a - mour vain - queur

Ici-bas!

(René François) Sully-Prudhomme
(1839–1907)

Gabriel Fauré
(1845–1924)

Opus 8, no. 3. Original key: F-sharp minor. Composed c. 1873. Dedicated to Madame G. Lecoq, née Mac-Brid. Published by Choudens, 1877; Hamelle, 1887; first collection, no. 20, then no. 19. First performance, Société nationale de musique, December 12, 1874, Mademoiselle Marguerite Baron. See "Les berceaux" for information on Sully-Prudhomme.

Ici-bas!	Here below
Ici-bas tous les lilas meurent,	Here below all the lilacs die,
Tous les chants des oiseaux sont courts,	All the songs of the birds are short,
Je rêve aux étés qui demeurent	I dream of summers that remain
Toujours!	Forever!
Ici-bas les lèvres effleurent	Here below lips touch lightly
Sans rien laisser de leur velours,	Without leaving any of their velvet behind,
Je rêve aux baisers qui demeurent	I dream of kisses that remain
Toujours!	Forever!
Ici-bas, tous les hommes pleurent	Here below all men weep
Leurs amitiés ou leurs amours…	Over their friendships or their loves…
Je rêve aux couples qui demeurent	I dream of couples who remain
Toujours!	Forever!

Les roses d'Ispahan

Charles-Marie-René Leconte de Lisle
(1818–1894)

Gabriel Fauré
(1845–1924)

Opus 39, no. 4. Original key: D major. Composed 1884. Dedicated to Mademoiselle Louise Collinet. Published by Hamelle, 1885; second collection, no. 15. First performance, Société nationale de musique, December 27, 1884, Thérèse Guyon. First performance with Fauré's orchestration, Aix-les-Bains, August 1891, conductor Edouard Colonne. "Les roses d'Ispahan" was composed to pair with "Aurore," the first song of the opus. Fauré omitted two lines from the original poem. The Iranian city of Isfahan (or Esfahan) was also known as Ispahan in Persian history.

Les roses d'Ispahan

Les roses d'Ispahan dans leur gaîne de mousse,
Les jasmins de Mossoul, les fleurs de l'oranger
Ont un parfum moins frais, ont une odeur moins douce,
O blanche Leïlah! que ton souffle léger.

Ta lèvre est de corail, et ton rire léger
Sonne mieux que l'eau vive et d'une voix plus douce,
Mieux que le vent joyeux qui berce l'oranger,
Mieux que l'oiseau qui chante au bord d'un nid de mousse. [...]

O Leïlah! depuis que de leur vol léger
Tous les baisers ont fui de ta lèvre si douce,
Il n'est plus de parfum dans le pâle oranger,
Ni de céleste arôme aux roses dans leur mousse.

Oh! que ton jeune amour, ce papillon léger,
Revienne vers mon cœur d'une aile prompte et douce,
Et qu'il parfume encor la fleur de l'oranger,
Les roses d'Ispahan dans leur gaîne de mousse!

The roses of Isfahan

The roses of Isfahan in their sheath of moss,
The jasmines of Mosul, the flowers of the orange tree
Have a scent less fresh, have an aroma less sweet,
O fair Leilah, than your soft breath!

Your lips of coral, and your soft laughter
Sounds better than flowing water and with sweeter voice,
Better than the joyful wind that rocks the orange tree,
Better than the bird singing on the edge of a mossy nest.

O Leilah! Ever since with their light soaring
All the kisses have fled from your lips so sweet,
There is no more scent in the pale orange tree,
Nor celestial aroma from the roses in their moss.

Oh! May your young love, that light butterfly,
Come back toward my heart on a speedy and gentle wing,
And may it again scent the flower of the orange tree,
The roses of Isfahan in their sheath of moss!

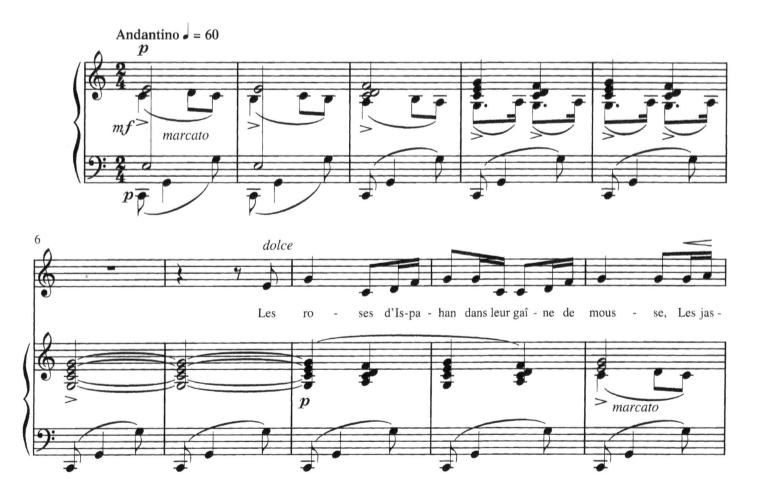

mour, ce pa-pil-lon lé - ger, Re - vien-ne vers mon cœur d'une ai - le prompte et

dou - ce, Et qu'il par - fume en - cor la fleur de l'o-ran-

ger, Les ro - ses d'Is-pa-han dans leur gaî - ne de mous -

se!

Les berceaux

(René François) Sully-Prudhomme
(1839–1907)

Gabriel Fauré
(1845–1924)

Opus 23, no. 1. Original key: B-flat minor. Composed 1879. Dedicated to Mademoiselle Alice Boissonnet. Published by Hamelle, 1881; second collection, no. 7. First performance, Société nationale de musique, December 9, 1882, Jane Huré. The son of a shopkeeper, Sully-Prudhomme was first encouraged as a poet by the Conference La Bruyère, a notable student society. He went on to success as a poet and translator, and won the Nobel Prize in Literature in 1901.

Les berceaux	The cradles
Le long du quai, les grands vaisseaux,	All along the pier the big ships
Que la houle incline en silence,	That the surge sways in silence
Ne prennent pas garde aux berceaux,	Pay no attention to the cradles
Que la main des femmes balance.	That the hands of women rock.
Mais viendra le jour des adieux,	But the day of farewells will come,
Car il faut que les femmes pleurent,	For it is necessary that women weep,
Et que les hommes curieux,	And that curious men
Tentent les horizons qui leurrent!	Brave the horizons that lure them!
Et ce jour-là les grands vaisseaux,	And on that day the big ships,
Fuyant le port qui diminue,	Fleeing the shrinking port,
Sentent leur masse retenue	Feel their bulk held back
Par l'âme des lointains berceaux.	By the soul of the far-off cradles.

Lydia

Charles-Marie-René Leconte de Lisle
(1818–1894)

Gabriel Fauré
(1845–1924)

Opus 4, no. 2. Original Key: F major. Composed c. 1870. Published by G. Hartmann, 1871; Choudens, 1877; Hamelle, 1887, first collection, no. 8. Dedicated to Mmd. Marie Trélat. First performance, Société nationale de musique, May 18, 1872, Marie Trélat, mezzo-soprano. This is Fauré's first setting of Leconte de Lisle, the leader of the Parnassian poets. The Parnassians stressed restraint, objectivity, and precise description in their poetry. De Lisle's poem in Hellenic style is elegant and beautifully balanced. Fauré mirrored its simplicity and antique mood by using the Lydian mode and simple vocal phrases with graceful curving lines. Fauré altered the poem slightly, probably to improve the vocal flow. "Chanter sur *tes lèvres* en fleur" was changed to "Chanter sur *ta lèvre* en fleur." In the first verse, Fauré omits the bracketed words in his setting: "Et sur ton col frais et si blanc / [Que le lait,] roule étincelant." He gives the omitted words to the piano, which melodically initiates the phrase, removing the comparison of "white" and "milk." The song became personally significant when Fauré used its first measures as a recurring symbolic motif* in his song cycle *La bonne chanson* (1892-94).

*"Lydia" in this context is a presumable referred to Emma Bardac, with whom Fauré was having an affair at the time he composed *La bonne chanson.*

Lydia

Lydia, sur tes roses joues,
Et sur ton col frais et si blanc,
[Qui le lait,] roule étincelant
L'or fluide que tu dénoues.

Le jour qui luit est le meilleur;
Oublions l'éternelle tombe.
Laisse tes baisers, tes baisers de colombe
Chanter sur ta lèvre en fleur.

Un lys caché répand sans cesse
Une odeur divine en ton sein:
Les délices, comme un essaim,
Sortent de toi, jeune Déesse!

Je t'aime et meurs, ô mes amours,
Mon âme en baisers m'est ravie!
O Lydia, rends-moi la vie,
Que je puisse mourir toujours!

Lydia

Lydia, onto your rosy cheeks
And onto your neck, so fresh and white
There rolls down, gleaming
The flowing gold that you loosen.

The day that is dawning is the best;
Let us forget the eternal tomb.
Let your kisses, your dove-like kisses
Sing on your blossoming lips.

A hidden lily ceaselessly spreads
A divine scent in your bosom.
Delights, like swarming bees,
Emanate from you, young goddess!

I love you and die, oh my love,
My soul is ravished in kisses
O Lydia, give me back my life,
That I may die, die forever!

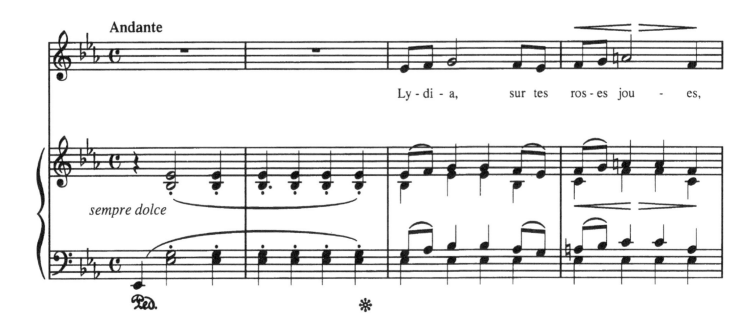

* "plus" in the original poem

* "tes lèvres" in the original poem

Mandoline

Paul Verlaine
(1844–1896)

Gabriel Fauré
(1845–1924)

Opus 58, no. 1. Original key: G major. Composed 1891. The first song of *Cinq mélodies de Venise*. Dedicated to Madame la princesse Edmond de Polignac. Published by Hamelle, 1891; third collection, nos. 7–11. First performance, Société nationale de musique, April 2, 1892. Florent Schmitt orchestrated "Mandoline." Fauré began composing this set in Venice, while staying at the palazzo of the Princesse Edmond de Polignac, a great patron of contemporary music and art. The Princesse was formerly Winaretta Singer, the sewing-machine heiress, who hosted one of the most elegant and influential salons in Paris. She was responsible for bringing Fauré and Verlaine together. Of the songs in the set, "Mandoline," "En sourdine," and "A Clyméne" are from Verlaine's collection of poems titled *Fêtes galantes*; "Green" and "C'est l'extase" come from his collection *Romances sans paroles*. Verlaine's flexible word rhythms created lyricism and fluidity in his verse, bringing back to French poetry musical qualities highly cultivated by the Renaissance poets. See "Clair de lune" for more on Verlaine.

Mandoline	Mandolin
Les donneurs de sérénades Et les belles écouteuses, Échangent des propos fades Sous les ramures chanteuses.	The serenaders And their lovely listeners, Exchange trivial banter Under the singing boughs.
C'est Tircis et c'est Aminte, Et c'est l'éternel Clitandre, Et c'est Damis qui pour mainte Cruelle fait maint vers tendre.	It is Tircis and Aminte, And the tiresome Clitandre, And Damis, who for many a Cruel woman writes many a tender verse.
Leurs courtes vestes de soie, Leurs longues robes à queues, Leur élégance, leur joie Et leurs molles ombres bleues,	Their short silken jackets, Their long dresses with trains Their elegance, their merriment, And their soft blue shadows,
Tourbillonnent dans l'extase D'une lune rose et grise, Et la mandoline jase Parmi les frissons de brise.	Whirl wildly in the rapture Of a pink and gray moon, And the mandolin chatters on Amid the shivering breeze.

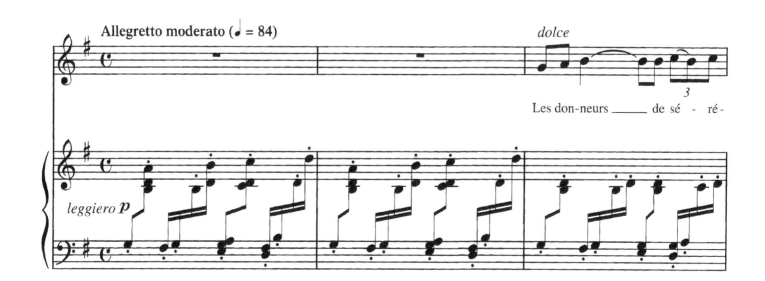

* "fit" in previous editions; "fait" is true to original poem

Nell

Charles-Marie-René Leconte de Lisle
(1818–1894)

Gabriel Fauré
(1845–1924)

Opus 18, no. 1. Original key: G-flat major. Composed 1878. Dedicated to Madame Camille Saint-Saëns. Published by Hamelle, 1880; second collection, no. 1; London, Metzler, 1896. First performance, Société nationale de musique, January 29, 1881, Henrietta Fuchs, soprano. Fauré lengthened two lines of the poem by repetition:

Qui rayonne en mon cœur [en mon cœur] charmé
Ne fleurisse plus ton image [Ne fleurisse plus ton image]

Leconte de Lisle was a Parnassian poet. The Parnassians were the group of poets who turned away from Romantic excess, reverting to the purity and formal aspects of ancient Greece.

Nell

Ta rose de pourpre, à ton clair soleil,
O juin, étincelle enivrée;
Penche aussi vers moi ta coupe dorée:
Mon cœur à ta rose est pareil.

Sous le mol abri de la feuille ombreuse
Monte un soupir de volupté;
Plus d'un ramier chante au bois écarté,
O mon cœur, sa plainte amoureuse.

Que ta perle est douce au ciel enflammé,
Étoile de la nuit pensive!
Mais combien plus douce est la clarté vive
Qui rayonne en mon cœur charmé!

La chantante mer, le long du rivage,
Taira son murmure éternel,
Avant qu'en mon cœur, chère amour, O Nell,
Ne fleurisse plus ton image!

Nell

Your purple rose in your bright sun,
O June, is sparkling as if intoxicated;
Bend your golden cup also towards me:
My heart is just like your rose.

Under the soft shelter of a shady bough
A sigh of pleasure rises up;
More than one ring-pigeon sings in the remote wood,
O my heart, its amorous lament.

How sweet your pearl is in the flaming sky,
Star of the pensive night!
But how much sweeter is the bright light
That shines in my charmed heart!

The singing sea, all along the shore,
Will silence its eternal murmuring
Before in my heart, dear love, oh Nell,
Your image will stop blossoming!

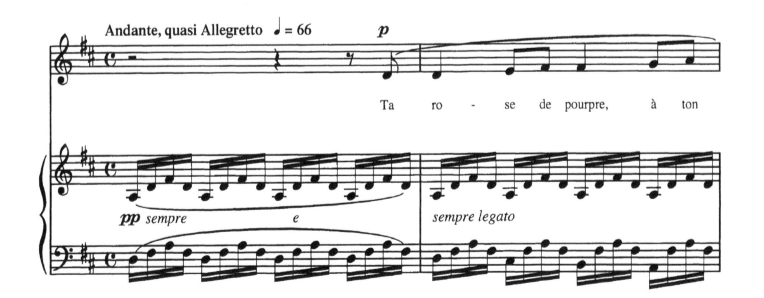

clair so - leil, O juin, é - tin - celle en i -

vré - e; Penche aus - si vers moi ta cou -

pe do - ré - e: Mon coeur à ta rose est pa -

reil._____ Sous le mol a - bri de la

* "parfumé" in the original poem

Notre Amour

Armand Silvestre
(1838–1901)

Gabriel Fauré
(1845–1924)

Opus 23, no. 2. Original key: E major. Composed 1879? Published by Hamelle, 1882, second collection, no. 8. At the request of the composer, the opus number was added by the publisher, Hamelle, in 1896. Dedicated to Madame Castillon. The light texture and delicate colors found in this strophic song are reminiscent of Gounod. Many of Fauré's mélodies were first heard in salons in homes of patrons such as the Princesse de Polignac, where private musical performances were given for guests. The audience was comprised of writers, painters, musicians and representatives of high society. Most of the performers were talented amateurs. Fauré appreciated these singers and their sense of style and often dedicated his mélodies to them. He always argued that the voice should not have the "voluptuous" prestige of a solo instrument, but should be a *porte-verbe* (word carrier) with an exquisite timbre. The optional high note at the end of the song originated with the composer, probably to flatter a particular singer. See "Aurore" for information about Silvestre.

Notre amour

Notre amour est chose légère
Comme les parfums que le vent
Prend aux cimes de la fougère,
Pour qu'on les respire en rêvant.

Notre amour est chose charmante,
Comme les chansons du matin,
Où nul regret ne se lamente,
Où vibre un espoir incertain.

Notre amour est chose sacrée,
Comme les mystères des bois
Où tressaille une âme ignorée,
Où les silences ont des voix.

Notre amour est chose infinie,
Comme les chemins des couchants,
Où la mer, aux cieux réunie,
S'endort sous les soleils penchants.

Notre amour est chose éternelle,
Comme tout ce qu'un dieu vainqueur
A touché du feu de son aile,
Comme tout ce qui vient du cœur.

Our love

Our love is a light thing,
Like the perfumes that the wind
Brings from the tips of the ferns,
And lets us breathe them and dream.

Our love is a charming thing,
Like the songs of the morning
Where no sorrow is voiced,
Where an uncertain hope vibrates.

Our love is a sacred thing,
Like the mysteries of the woods
Where an unknown soul is throbbing,
Where silences have voices.

Our love is an infinite thing,
Like the paths of the sunsets,
Where the sea, reunited with the sky,
Falls asleep beneath the setting suns.

Our love is an eternal thing,
Like everything that a conquering god
Touches with the fire of his wing,
Like all that comes from the heart.

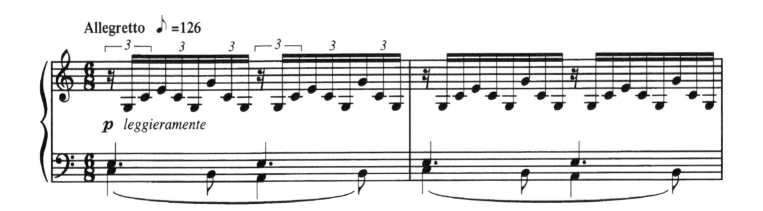

nul re - gret ne se la - men - te, Où vibre un es - poir in - cer - tain. Notre a -

mour est cho - se char-man - te!

Notre a - mour est cho - se sa - cré - e, Com - me les mys - tè - res des bois Où tres -

saille une âme ig - no - ré - e, Où les si - len - ces ont des voix. Notre a -

Com - me tout ce qu'un dieuvain-queur A tou - ché du feu de son ai - le,

Com - me tout ce qui vient du coeur. _____ Notre a - mour, _____

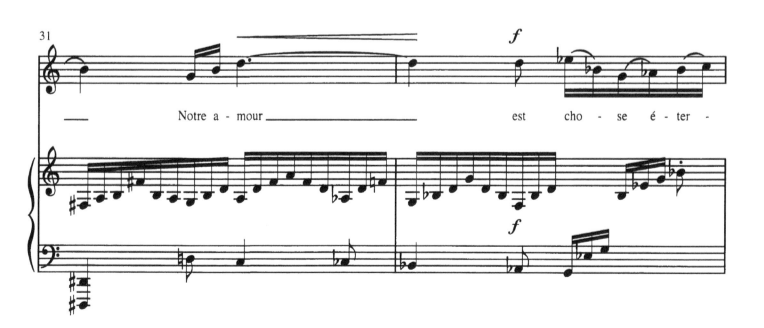

Notre a - mour _____ est cho - se é - ter -

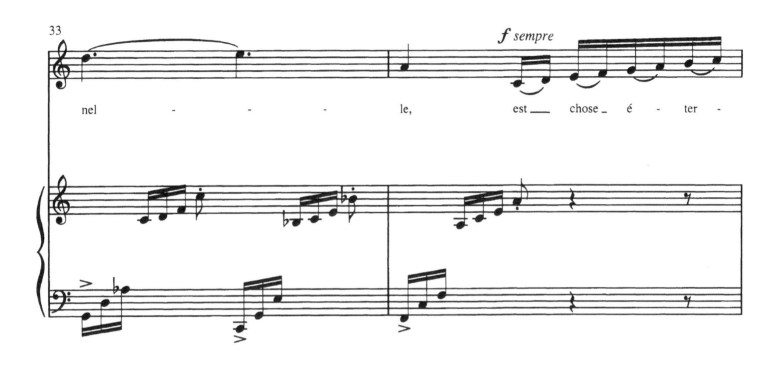

nel - - - le, est chose é - ter -

nel - - - le!

* This optional note originated with the composer.

Rencontre

Charles Grandmougin
(1850–1930)

Gabriel Fauré
(1845–1924)

Opus 21, no. 1. Original key: D-flat major. Dedicated to Madame la comtesse de Gauville. Published by Durand, 1880; Hamelle, 1897; second collection, nos. 4, 5 & 6; London, Metzler, 1897. First performance, Société nationale de musique, January 22, 1881, Monsieur Mazalbert, tenor. "Rencontre" is from *Poème d'un jour*, a three-song cycle composed in 1878 after the break-up of Fauré's engagement to Marianne Viardot.

Rencontre

J'étais triste et pensif quand je t'ai rencontrée;
Je sens moins aujourd'hui mon obstiné tourment.
O dis-moi, serais-tu la femme inespérée,
Et le rêve idéal poursuivi vainement?

O passante aux doux yeux, serais-tu donc l'amie
Qui rendrait le bonheur au poète isolé?
Et vas-tu rayonner sur mon âme affermie,
Comme le ciel natal sur un cœur d'exilé?

Ta tristesse sauvage, à la mienne pareille,
Aime à voir le soleil décliner sur la mer.
Devant l'immensité ton extase s'éveille,
Et le charme des soirs, à ta belle âme est cher.

Une mystérieuse et douce sympathie
Déjà m'enchaîne à toi comme un vivant lien,
Et mon âme frémit, par l'amour envahie,
Et mon cœur te chérit, sans te connaître bien!

Meeting

I was sad and pensive when I met you;
Today I feel my obstinate torment less,
O tell me, might you be the unhoped-for woman
And the ideal dream that I pursued in vain?

O passer-by with gentle eyes, might you then be the friend
Who would bring back happiness to the lonely poet?
And are you going to shine on my strengthened soul
Like the native sky on an exile's heart?

Your wild sadness, just like mine,
Likes to see the sun set over the sea.
Facing that vastness your ecstasy awakens,
And the charm of evenings is dear to your beautiful soul!

A mysterious and sweet sympathy
Already binds me to you like a living bond
And my soul quivers, invaded by love,
And my heart cherishes you without knowing you well!

sif   quand je t'ai ren - con - tré - e;   Je

sens moins au - jour - d'hui,   mon obs - ti - né tour - ment. _____

_____   O dis - moi,   se - rais - tu   la femme i - nes - pé -

ré - e,   Et le rêve i - dé - al pour - sui -